Impressum
Verlag: BABADADA GmbH, Nedderfeld 112 , 22529 Hamburg
Geschäftsführer / Verlagsleitung: Harald Hof
Druck: Books on Demand GmbH, In de Tarpen 42, 22848 Norderstedt

Imprint
Publisher: BABADADA GmbH, Nedderfeld 112 , 22529 Hamburg, Germany
Managing Director / Publishing direction: Harald Hof
Print: Books on Demand GmbH, In de Tarpen 42, 22848 Norderstedt, Germany

школа

la escuela

учиона
el aula

делити
dividir

$186/2$

плоча
la pizarra

школско двориште
el patio

наставник
el maestro/a

папир
el papel

писати
escribir

хемијска оловка
el bolígrafo

писаћи стол
el escritoria

лењир
la regla

књига
el libro

ученик
el alumno/a

торба

la cartera

перница

la caja de lápices

графитна оловка

el lápiz

шиљило за оловке

el sacapuntas

гумица за брисање

la goma de borrar

блок за цртање

el cuaderno de dibujo

цртеж

el dibujo

кист

el pincel

кутија са бојама

la caja de pinturas

маказе

las tijeras

лепило

el pegamento

бележница

el cuaderno de ejercicios

домаћи задатак

los deberes

број

el número

сабирати

sumar

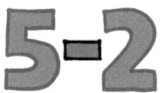

одузимати

restar

множити

multiplicar

рачунати

calcular

слово

la letra

абецеда

el alfabeto

реч

la palabra

текст

el texto

читати

leer

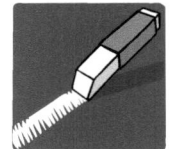

креда

la tiza

час

la lección

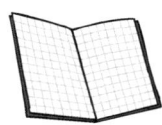

дневник

el cuaderno de notas

испит

el examen

сведочанство

el certificado

школска униформа

el uniforme

образовање

la educación

лексикон

la enciclopedia

универзитет

la universidad

микроскоп

el microscopio

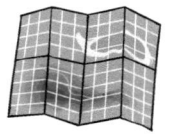

карта

el mapa

кошара за папир

la papelera

путовање

el viaje

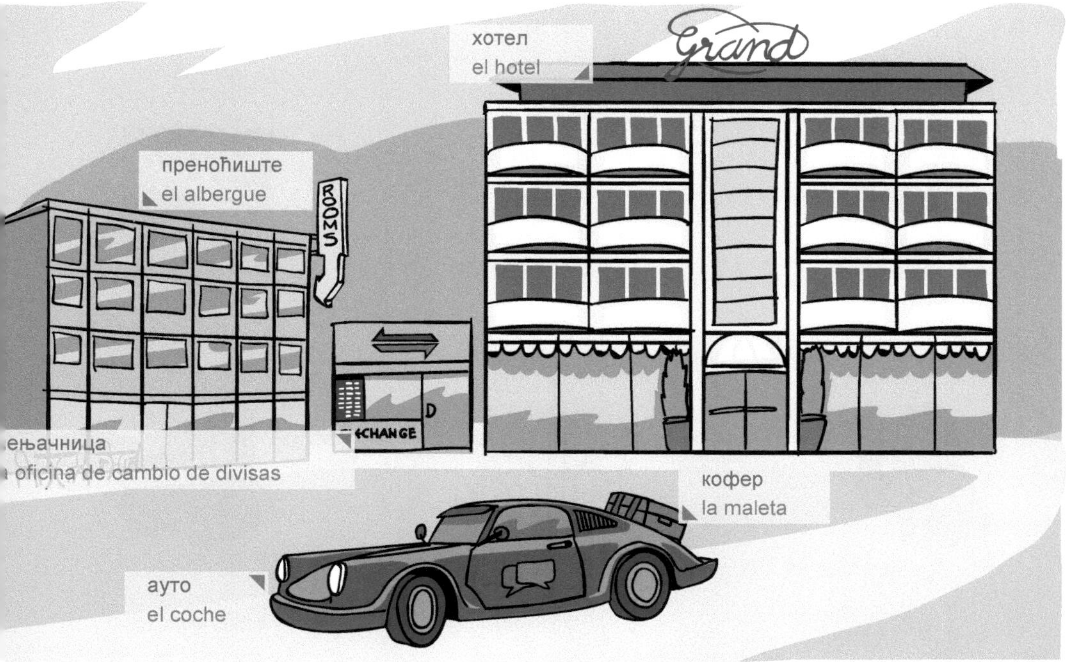
хотел
el hotel
Grand
преноћиште
el albergue
ROOMS
EXCHANGE
ењачница
oficina de cambio de divisas
кофер
la maleta
ауто
el coche

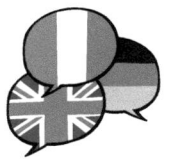

језик

el idioma

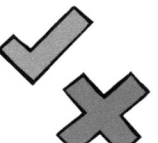

да / не

sí / no

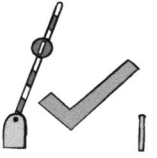

океј

Vale

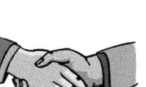

здраво

hola

преводилац

el traductor

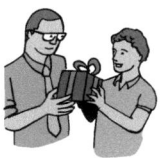

хвала

Gracias

Колико кошта…?

¿cuánto es…?

не разумем

No entiendo

проблем

el problema

добро вече!

¡Buenas tardes!

Добро јутро!

¡Buenos días!

Лаку ноћ!

¡Buenas noches!

довиђења

adiós

смер

la dirección

пртљага

el equipaje

торба

la bolsa

руксак

la mochila

гост

el invitado

соба

la habitación

вреća за спавање

el saco de dormir

шатор

la tienda de campaña

туристичке информације

la información turística

плажа

la playa

кредитна картица

la tarjeta de crédito

доручак

el desayuno

ручак

el almuerzo

вечера

la cena

карта за вожњу

el billete

лифт

el ascensor

поштанска маркица

el sello

граница

la frontera

царина

la aduana

амбасада

la embajada

виза

la visa

пасош

el pasaporte

транспорт
el transporte

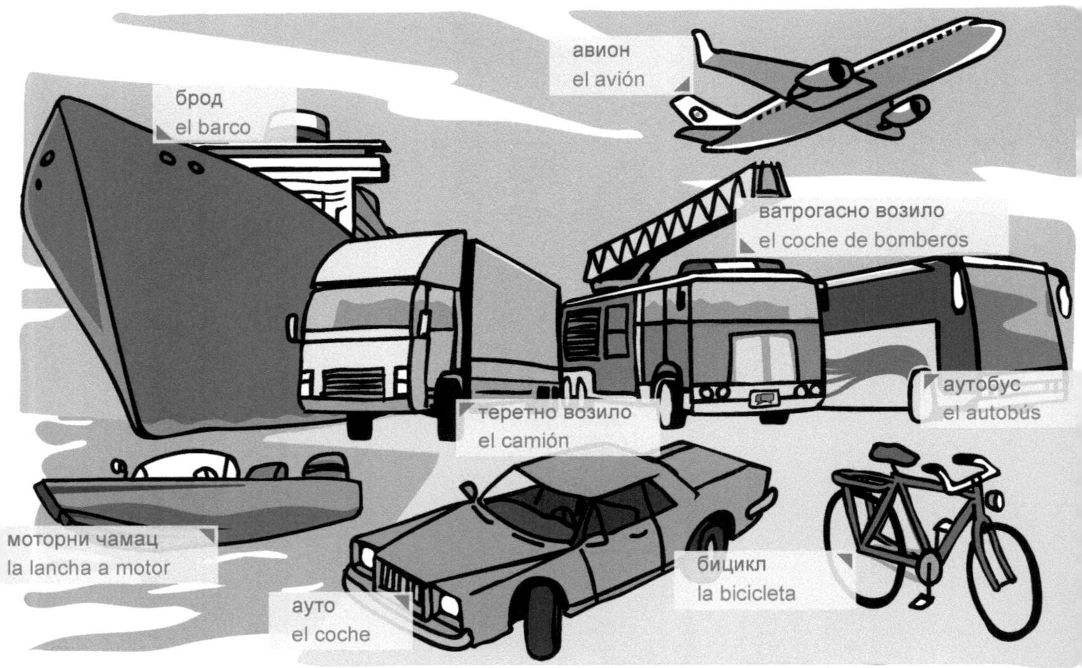
авион
el avión
брод
el barco
ватрогасно возило
el coche de bomberos
аутобус
el autobús
теретно возило
el camión
моторни чамац
la lancha a motor
бицикл
la bicicleta
ауто
el coche

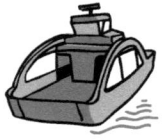

трајект
el transbordador

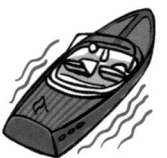

чамац
la barca

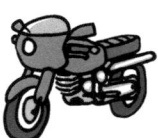

мотоцикл
la moto

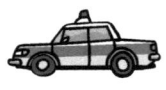

полицијски ауто
el coche de policía

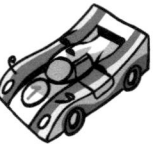

тркаћи ауто
el coche de carreras

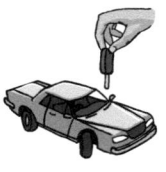

изнајмљено ауто
el coche de alquiler

дељење аутомобила

el préstamo de vehículos

вучно возило

la grúa

возило за одвоз смећа

el camión de la basura

мотор

el motor

бензин

la gasolina

бензинска станица

la gasolinera

саобраћајни знак

la señal de tráfico

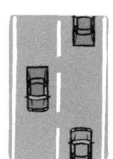

саобраћај

el tráfico

застој

el atasco

паркиралиште

el aparcamiento

железничка станица

la estación de tren

шине

las vías

воз

el tren

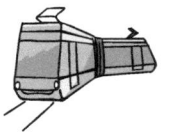

трамвај

el tranvía

вагон

el vagón

хеликоптер

el helicóptero

аеродром

el aeropuerto

кула

la torre

путник

el pasajero

контејнер

el contenedor

картон

la caja de cartón

колица

la carretilla

корпа

la cesta

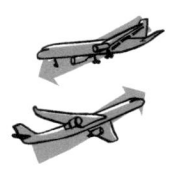

узлетети / слетети

despegar / aterrizar

град

la ciudad

село

el pueblo

центар града

el centro de la ciudad

кућа

la casa

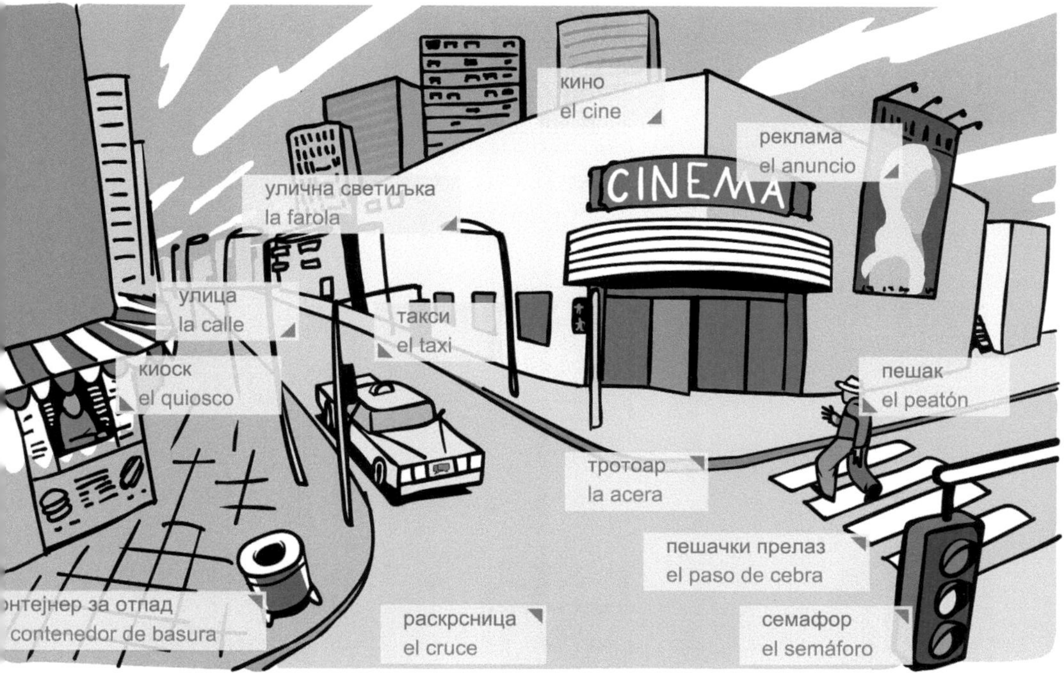

кино
el cine

реклама
el anuncio

улична светиљка
la farola

CINEMA

улица
la calle

такси
el taxi

пешак
el peatón

киоск
el quiosco

тротоар
la acera

пешачки прелаз
el paso de cebra

онтејнер за отпад
contenedor de basura

раскрсница
el cruce

семафор
el semáforo

колиба

la cabaña

стан

el apartamento

железничка станица

la estación de tren

већница

el ayuntamiento

музеј

el museo

школа

la escuela

универзитет

la universidad

банка

el banco

болница

el hospital

хотел

el hotel

апотека

la farmacia

канцеларија

la oficina

књижара

la librería

продавница

la tienda de campaña

цвећара

la floristería

супермаркет

el supermercado

трг

el mercado

робна кућа

los grandes almacenes

рибарница

la pescadería

трговачки центар

el centro comercial

лука

el puerto

парк
el parque

клупа
el banco

мост
el puente

степенице
las escaleras

подземна железница
el metro

тунел
el túnel

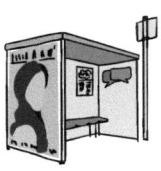

аутобуска станица
la parada de autobús

бар
el bar

ресторан
el restaurante

поштанско сандуче
el buzón

улични знак
el poste indicador

паркирни аутомат
el parquímetro

зоолошки врт
el zoo

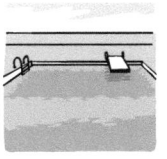

базен
la piscina

џамија
la mezquita

сеоско газдинство

la granja

загађење околине

la contaminación

гробље

el cementerio

црква

la iglesia

игралиште

el patio de juego

храм

el templo

пејсаж
el paisaje

лист
la hoja

путоказ
la señal

пут
el camino

ливада
el prado

камен
la piedra

шетач
el excursionista

дрво
el árbol

река
el río

трава
la hierba

цвет
la flor

долина

el valle

планина

la colina

језеро

el lago

шума

el bosque

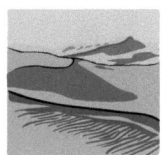

пустиња

el desierto

вулкан

el volcán

дворац

el castillo

дуга

el arcoíris

гљива

el champiñón

палма

la palmera

москито

el mosquito

мува

la mosca

мрав

la hormiga

пчела

la abeja

паук

la araña

буба

el escarabajo

жаба

la rana

веверица

la ardilla

јеж

el erizo

зец

la liebre

сова

la lechuza

птица

el pájaro

лабуд

el cisne

дивља свиња

el jabalí

јелен

el ciervo

лос

el alce

насип

la presa

ветрењача

la turbina eólica

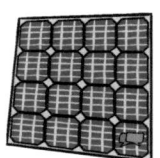

соларна плоча

el panel solar

клима

el clima

ресторан

el restaurante

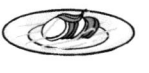

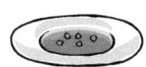

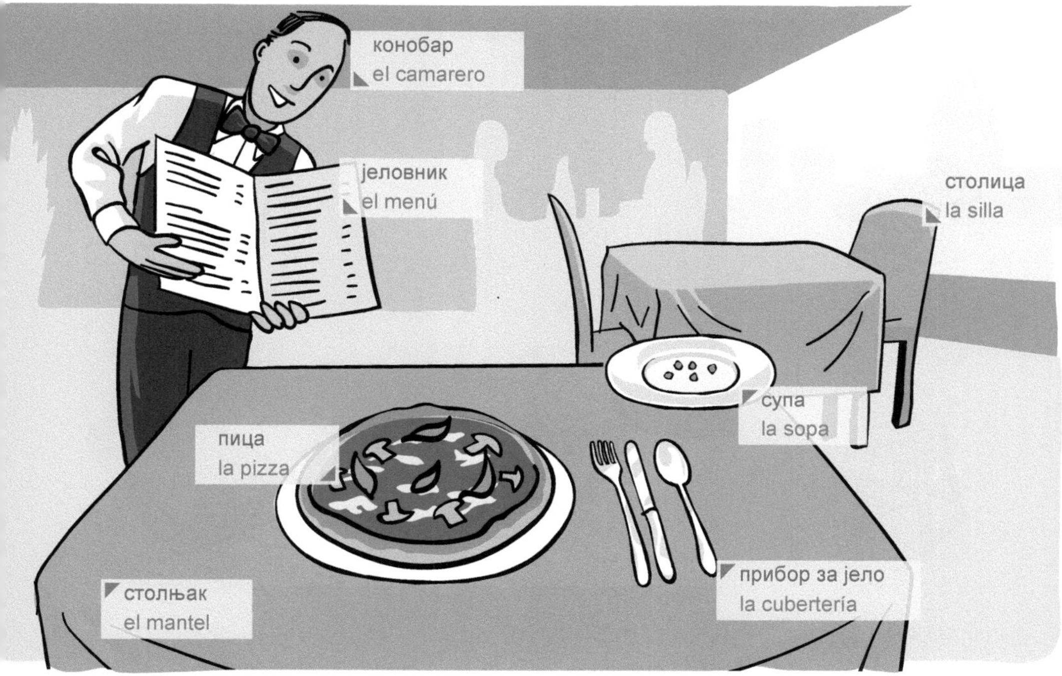
конобар
el camarero
јеловник
el menú
столица
la silla
супа
la sopa
пица
la pizza
прибор за јело
la cubertería
стољњак
el mantel

предјело

el primer plato

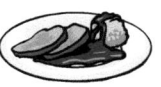

главно јело

el plato principal

десерт

el postre

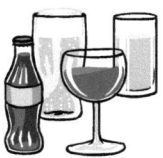

напитци

las bebidas

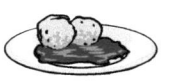

јело

la comida

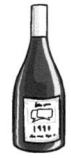

флаша

la botella

брза храна

la comida rápida

имбис храна

la comida callejera

чајник

la tetera

доза за шећер

el azucarero

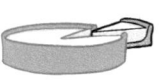

порција

la porción

апарат за еспресо

la cafetera expreso

висока столица

la trona

рачун

la cuenta

послужавник

la bandeja

нож

el cuchillo

виљушка

el tenedor

кашика

la cuchara

чајна кашика

la cucharilla

салвета

la servilleta

чаша

el vaso

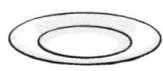

тањир

el plato

тањир за супу

el plato hondo

тањирић

el platillo

сос

la salsa

сољенка

el salero

млин за бибер

el molinillo de pimienta

сирће

el vinagre

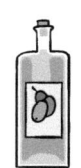

уље

el aceite

зачини

las especias

кечап

el ketchup

сенф

la mostaza

мајонеза

la mayonesa

супермаркет
el supermercado

понуда
la oferta especial
FOR
купац
el cliente
млечни производи
los lácteos
воће
la fruta
колица за куповину
el carro de compra

BUTCHERS

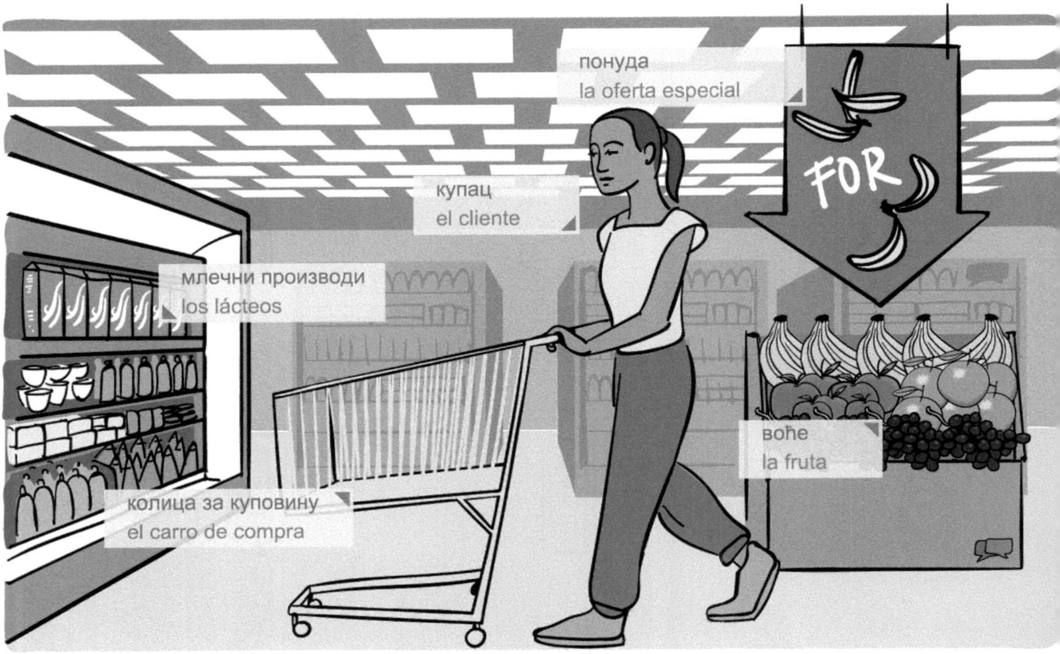

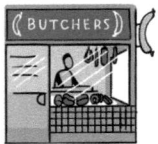

месница

la carniceria

BAKERY

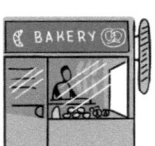

пекара

la panadería

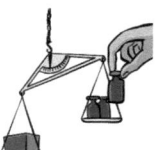

вагати

pesar

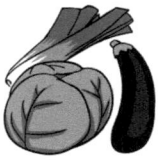

поврће

las verduras

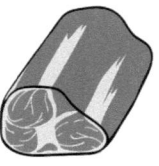

месо

la carne

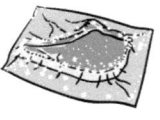

смрзнута храна

los alimentos congelados

нарезак

los fiambres

конзерве

las conservas

средство за прање

el detergente en polvo

слаткиши

los dulces

артикли за домаћинство

productos de uso doméstico

средства за чишћење

productos de limpieza

продавачица

la vendedora

благајна

la caja de cartón

благајник

el cajero

листа за куповину

la lista de la compra

време рада

el horario de atención al público

новчаник

la cartera

кредитна картица

la tarjeta de crédito

торба

la bolsa de plástico

пластична кеса

la bolsa de plástico

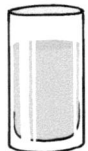

вода
....
el agua

сок
....
el zumo

млеко
....
la leche

кола
....
la cola

вино
....
el vino

пиво
....
la cerveza

алкохол
....
el alcohol

какао
....
el cacao

чај
....
el té

кава
....
el café

еспресо
....
el expreso

капућино
....
el capuchino

банана

el plátano

јабука

la manzana

наранџа

la naranja

лубеница

el melón

лимун

el limón

шаргарепа

la zanahoria

бели лук

el ajo

бамбус

el bambú

лук

la cebolla

гљива

el champiñón

орашасти плодови

las avellanas

резанци

los fideos

шпагете

las espagueti

рижа

el arroz

салата

la ensalada

помфрит

las patatas fritas

печени крумпир

las patatas fritas

пица

la pizza

хамбургер

la hamburguesa

сендвич

el sándwich

шницла

el filete

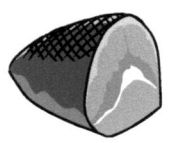

шунка

el jamón

салама

le salami

кобасица

la salchicha

кокош

el pollo

печење

el asado

риба

el pescado

зобене пахуљице

los copos de avena

мусли

el muesli

кукурузне пахуљице

los copos de maíz

брашно

la harina

кроасан

el cruasán

пециво

el panecillo

хлеб

el pan

тоаст

la tostada

кекси

las galletas

маслац

la mantequilla

свежи сир

la cuajada

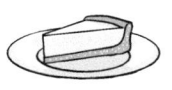

колач

el pastel

jaje

el huevo

jaje на око

el huevo frito

сир

el queso

сладолед

el helado

шећер

el azúcar

мед

la miel

мармелада

la mermelada

нугат крема

la crema de turrón

кари

el curry

сеоско газдинство
la granja

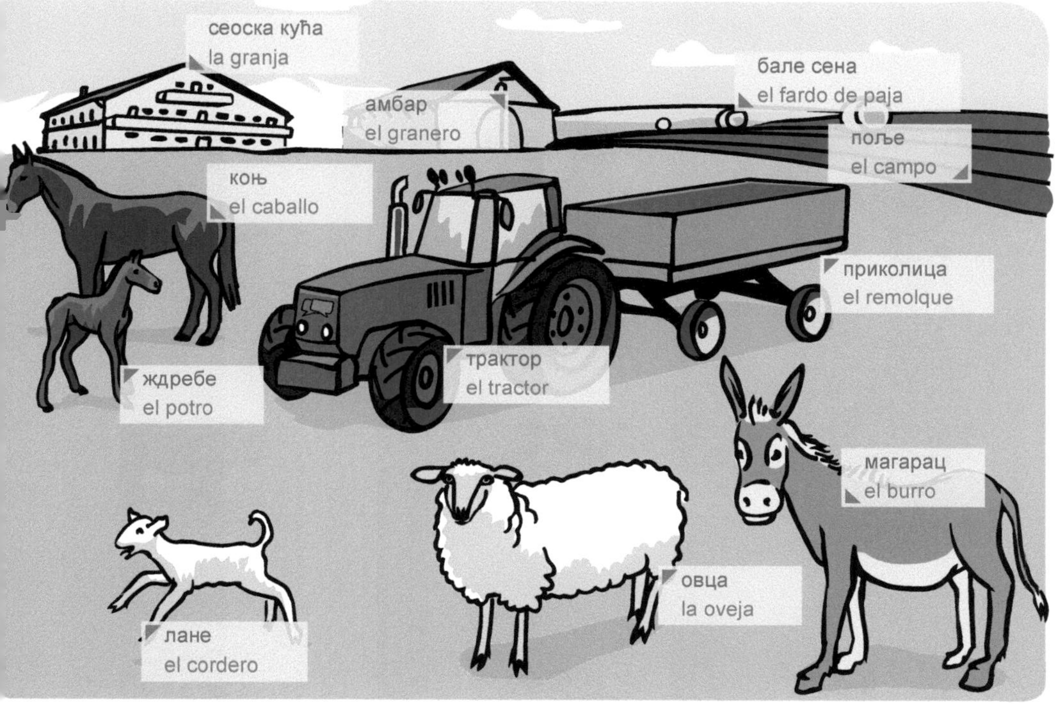

сеоска кућа
la granja
амбар
el granero
бале сена
el fardo de paja
поље
el campo
коњ
el caballo
трактор
el tractor
приколица
el remolque
ждребе
el potro
магарац
el burro
овца
la oveja
лане
el cordero

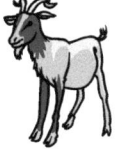

коза
la cabra

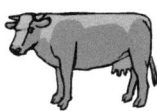

крава
la vaca

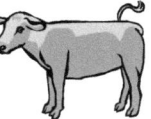

теле
el ternero

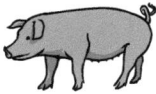

свиња
el cerdo

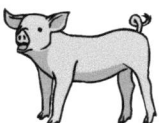

прасе
el cerdito

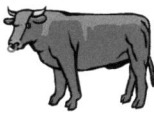

бик
el toro

гуска

el ganso

патка

el pato

пилићи

el pollo

кокош

la gallina

петао

el gallo

пацов

la rata

мачка

el gato

миш

el ratón

во

el buey

пас

el perro

кућица за пса

la perrera

вртно црево

la manguera

канта за поливање

la regadera

коса

la guadaña

плуг

el arado

срп

la hoz

мотика

la azada

виљушка за ђубриво

la horca

секира

el hacha

тачке

la carretilla

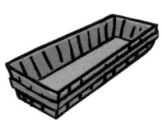

корито

el abrevadero

посуда за млеко

la lechera

врећа

el saco

ограда

la valla

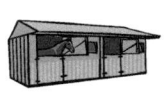

штала

el establo

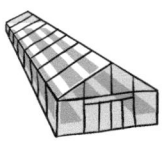

стакленик

el invernadero

земља

el suelo

семе

la semilla

ђубриво

el fertilizador

комбајн

la cosechadora

жети

cosechar

жетва

la cosecha

јамс зачин

el ñame

пшеница

el trigo

соја

el soja

кромпир

la patata

кукуруз

el maíz

уљана репица

la semilla de colza

воћка

el árbol frutal

гомољ маниоке

la mandioca

житарице

las cereales

кућа

la casa

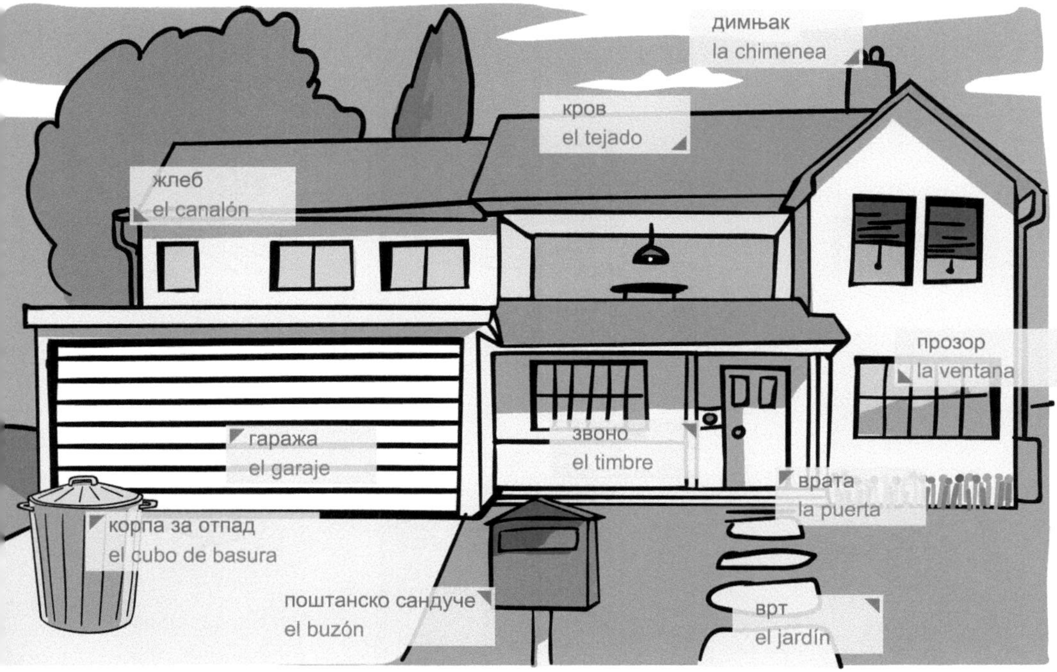

димњак
la chimenea
кров
el tejado
жлеб
el canalón
прозор
la ventana
гаража
el garaje
звоно
el timbre
врата
la puerta
корпа за отпад
el cubo de basura
поштанско сандуче
el buzón
врт
el jardín

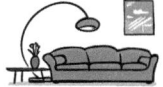

дневна соба

la sala

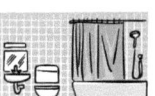

купаоница

el cuarto de baño

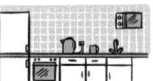

кухиња

la cocina

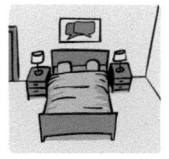

спаваћа соба

el dormitorio

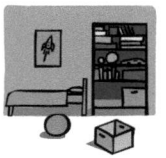

дечија соба

la habitación de los niños

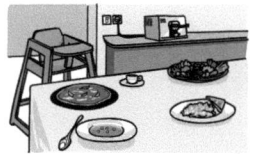

трпезарија

el comedor

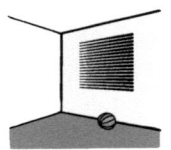

под

el suelo

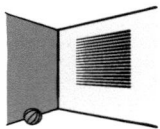

зид

la pared

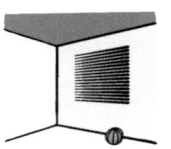

строп

el techo

подрум

el sótano

сауна

la sauna

балкон

el balcón

тераса

la terraza

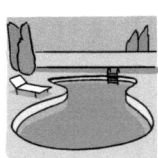

базен

la piscina

косилица за траву

el cortacésped

постељина за кревет

la sábana

дека за кревет

la colcha

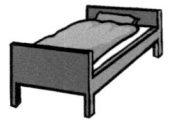

кревет

la cama

метла

la escoba

канта

el balde

прекидач

el interruptor

дневна соба
la sala

тапета
el papel pintado
слика
la imagen
светиљка
la lámpara
регал
el estante
ормар
el armario
телевизија
la televisión
камин
la chimenea
цвет
la flor
јастук
el cojín
кауч
el sofá
ваза
el jarrón
даљински управљач
el mando a distancia

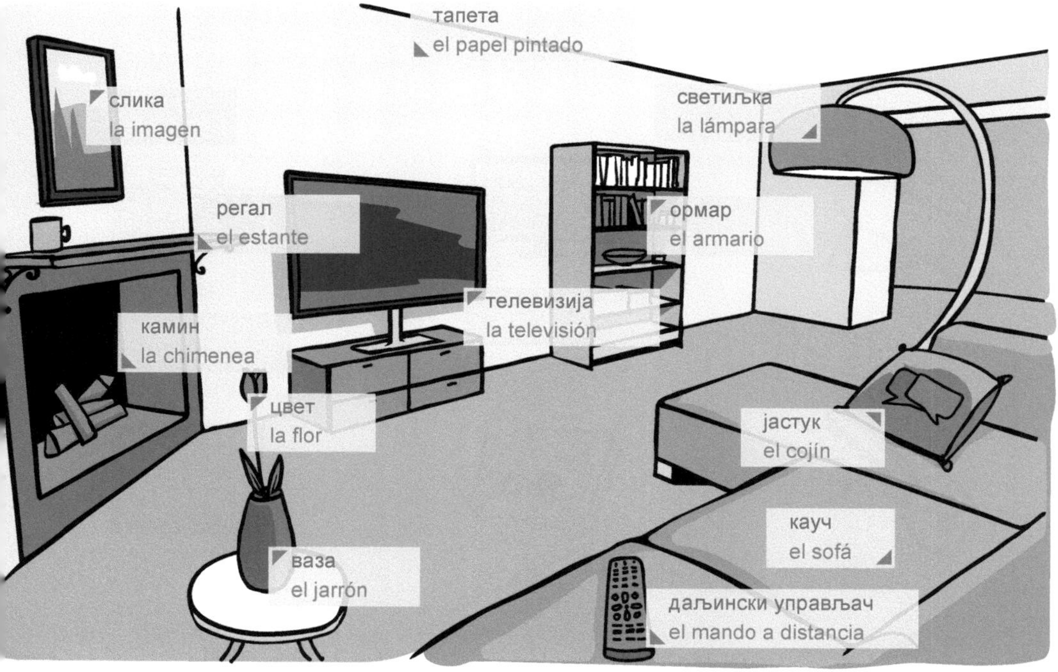

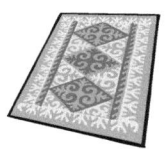

тепих
la alfombra

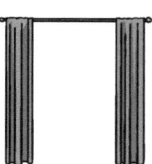

завеса
la cortina

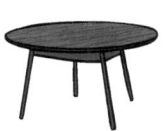

сто
la mesa

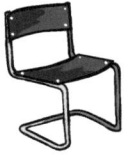

столица
la silla

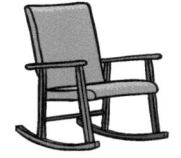

столица за њихање
el mecedora

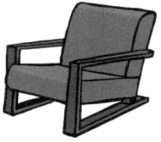

фотеља
la butaca

књига

el libro

дека

la manta

декорација

la decoración

дрво за огрев

la leña

филм

la película

хи-фи уређај

el equipo de música

кључ

la llave

новине

el periódico

слика на платну

la pintura

постер

el póster

радио

la radio

блок за писање

el cuaderno

усисивач

la aspiradora

кактус

el cactus

свећа

la vela

кухиња
la cocina

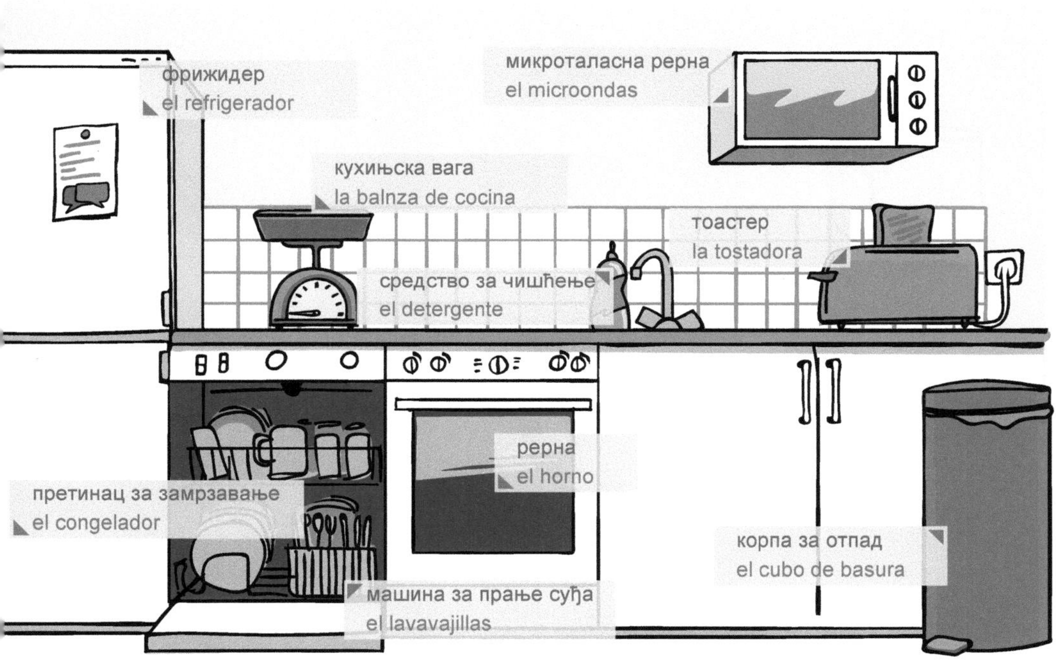
фрижидер
el refrigerador
микроталасна рерна
el microondas
кухињска вага
la balnza de cocina
тоастер
la tostadora
средство за чишћење
el detergente
рерна
el horno
претинац за замрзавање
el congelador
корпа за отпад
el cubo de basura
машина за прање суђа
el lavavajillas

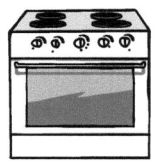

шпорет

la olla a presión

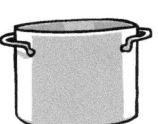

лонац

la olla

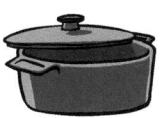

гвоздени лонац

la olla de hierro fundido

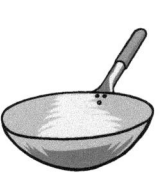

вок / кадаи

el wok

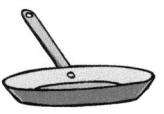

тава

la cazuela

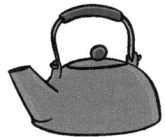

кувало за воду

el hervidor

кувало на пару

la vaporera

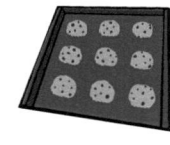

лим за печење

la chapa de horno

посуђе

la vajilla

чаша

la taza

посуда

el tazón

штапићи за јело

los palillos

кутлача

el cucharón

лопатица

la espumadera

пењача

el batidor

сито за кување

el colador

сито

el cedazo

рибеж

el rallador

мужар

el mortero

роштиљ

la barbacoa

огњиште

la hoguera

даска

la tabla de picar

оклагија

el rodillo

вадичеп

el sacacorchos

конзерва

la lata

отварач конзерви

el abrelatas

крпа за лонац

el agarrador

судопер

el lavabo

четка

el cepillo

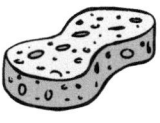

сунђер

la esponja

миксер

la batidora

замрзивач

el congelador

флашица за бебе

el biberón

славина за воду

el grifo

купаоница

el cuarto de baño

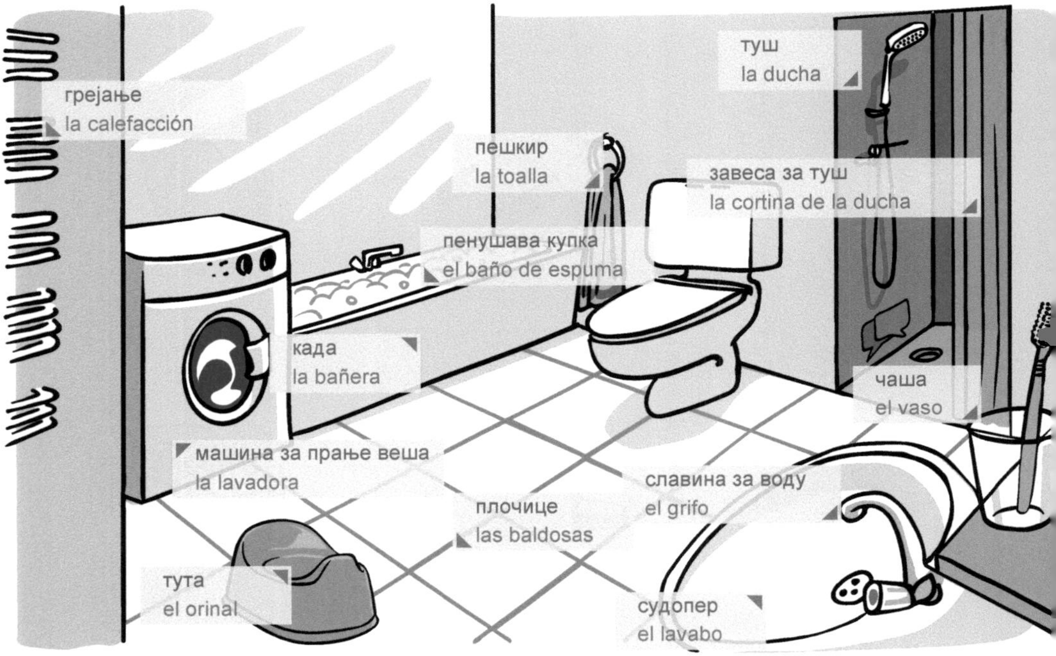

грејање
la calefacción
туш
la ducha
пешкир
la toalla
завеса за туш
la cortina de la ducha
пенушава купка
el baño de espuma
када
la bañera
чаша
el vaso
машина за прање веша
la lavadora
славина за воду
el grifo
плочице
las baldosas
тута
el orinal
судопер
el lavabo

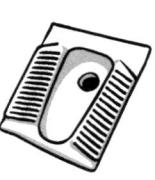

тоалет

el inodoro

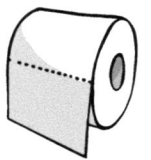

чучавац

el inodoro rústico

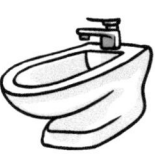

бидет

el bidé

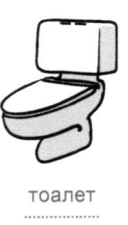

писоар

el urinario

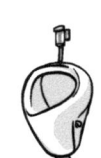

тоалетни папир

el papel higiénico

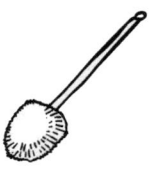

четка за тоалет

la escobilla del váter

четкица за зубе

el cepillo de dientes

паста за зубе

la pasta de dientes

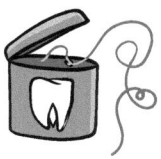

конац за зубе

el hilo dental

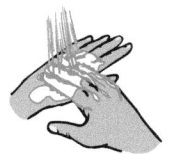

прати

lavar

туш ручица

la ducha de mano

туш за прање интимних делова

la ducha íntima

лавор

la pila

четка за прање леђа

el cepillo de espalda

сапун

el jabón

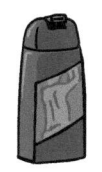

гел за тuширање

el gel de ducha

шампон

el champú

крпа за прање

la toallita

одвод

el desagüe

крема

la crema

дезодоранс

el desodorante

огледало

el espejo

козметичко огледало

el espejo de tocador

бријач

la maquinilla de afeitar

пена за бријање

la espuma de afeitar

лосион за после бријања

la loción postafeitado

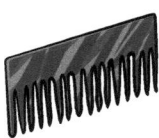

чешаљ

el peine

четка

el cepillo

фен за косу

el secador

спреј за косу

la laca

шминка

el maquillaje

руж за усне

el pintalabios

лак за нокте

el pintauñas

вата

el algodón

маказе за нокте

el cortauñas

парфем

el perfume

козметичка торбица

el estuche de viaje

столица

la banqueta

вага

la balanza

огртач

el albornoz

рукавице за чишћење

los guantes de goma

тампон

el tampón

уложак

la compresa

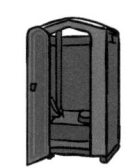

хемијски тоалет

el inodoro químico

дечија соба

la habitación de los niños

будилник
el despertador
плишана играчка
el peluche
ауто играчка
el coche de juguete
звечка
el sonajero
кућица за лутке
la casa de muñecas
поклон
el regalo

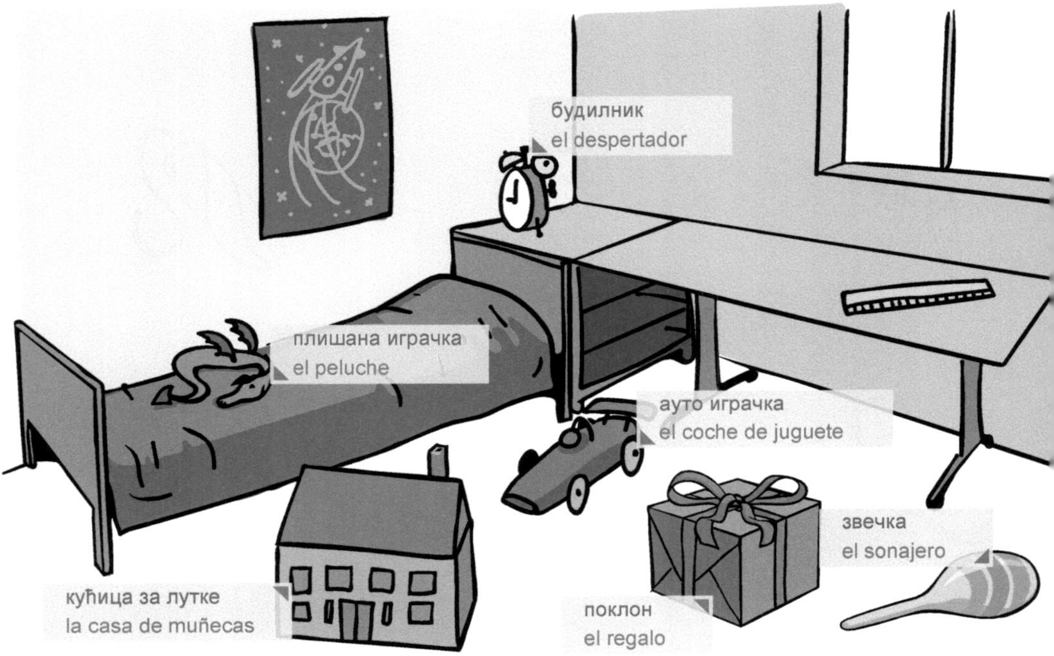

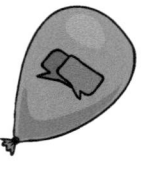

балон

el globo

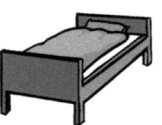

кревет

la cama

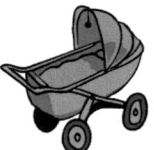

дјечија колица

el coche de niño

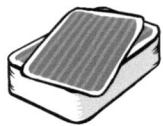

игра са картама

los naipes

слагалица

el puzle

SUPER
MEGA

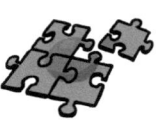

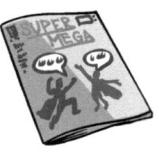

стрип

el tebeo

лего коцкице

las piezas de lego

коцкице за слагање

los bloques de juguete

акциони јунак

la figura de acción

бенкица за бебе

el bodi (de bebé)

фризби

el frisbee

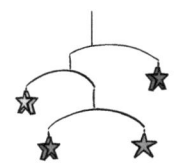

висеће играчке

el colgador móvil para bebés

друштвене игре

el juego de mesa

коцка

los dados

минијатурна жељезница

el circuito de tren eléctrico

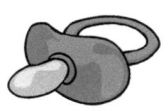

дуда

el maniquí

забава

la fiesta

сликовница

el álbum de fotos

лопта

la pelota

лутка

la muñeca

играти

jugar

пешчаник

el cajón de arena

љуљачка

el columpio

играчка

los juguetes

конзола за игре

la videoconsola

трицикл

el triciclo

теди

el oso de peluche

ормар

la guardarropa

одећа

la ropa

кратке чарапе

los calcetines

чарапе

las medias

хулахопке

los leotardos

шал
la bufanda

кишобран
el paraguas

каиш
el cinturón

мајица
la camiseta

чизме
las botas

папуче
las zapatillas

патике
las deportivas

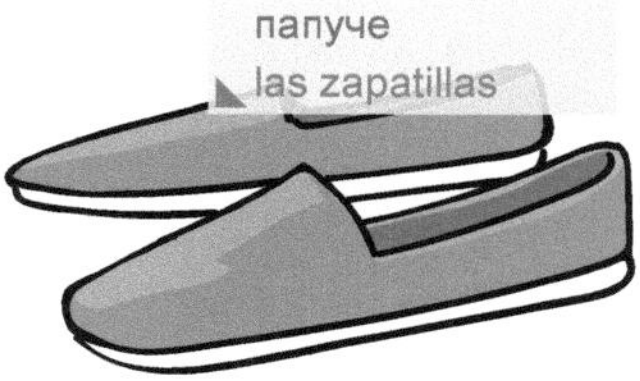

сандале
las sandalias

ципеле
los zapatos

гумене чизме
las botas de goma

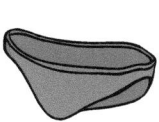

гаћице
el slip

грудњак
el sostén

поткошуља
el chaleco

боди
el bodi

панталоне
los pantalones cortos

фармерке
los vaqueros

сукња
la falda

блуза
la blusa

кошуља
la camisa

џемпер
el jersey

џемпер с капуљачом
el suéter

сако
el blazer

јакна
la chaqueta

мантил
el abrigo

кабаница
la gabardina

костим
el traje

хаљина
el vestido

венчаница
el vestido de novia

одело

el traje

спаваћица

el camisón

пиџама

el pijama

сари

el sati

марама за главу

el bandana

турбан

el turbante

бурка

la burka

кафтан

el caftán

абаја

la abaya

купаћи костим

el traje de baño

купаће гаћице

el bañador

кратке панталоне

los pantalones cortos

одећа за тренинг

el chándal

кецеља

el delantal

рукавице

los guantes

дугме

el botón

наочаре

las gafas

наруквица

el brazalete

огрлица

el collar

прстен

el anillo

наушница

el pendiente

капа

la gorra

вешалица

la percha

шешир

el sombrero

кравата

la corbata

патент затварач

la cremallera

кацига

el casco

нараменице

los tirantes

школска униформа

el uniforme

униформа

el uniforme

подбрадак

el babero

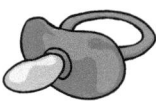

дуда

el maniquí

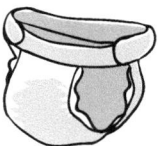

пелена

el pañal

канцеларија
la oficina

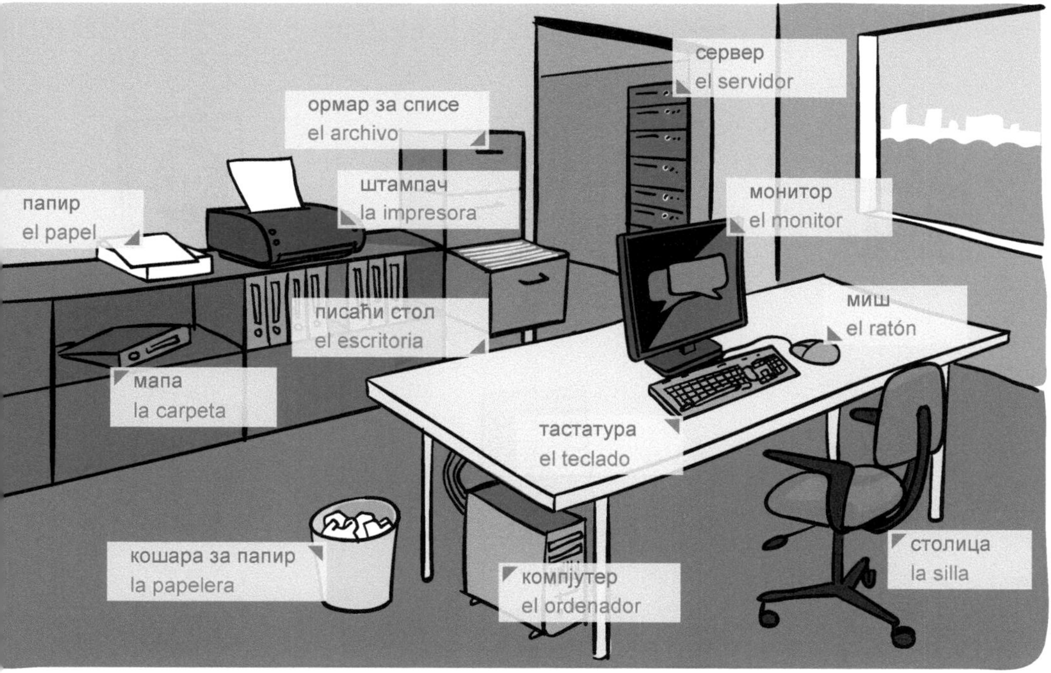

сервер
el servidor

ормар за списе
el archivo

штампач
la impresora

папир
el papel

монитор
el monitor

писаћи сто
el escritoria

миш
el ratón

мапа
la carpeta

тастатура
el teclado

кошара за папир
la papelera

столица
la silla

компјутер
el ordenador

шалица за каву

la taza de café

калкулатор

la calculadora

интернет

el internet

лаптоп
el portátil

писмо
la carta

порука
el mensaje

мобилни телефон
el móvil

мрежа
la red

уређај за копирање
la fotocopiadora

софтвер
el software

телефон
el teléfono

утичница
la toma de corriente

факс
el fax

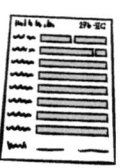

формулар
el formulario

документ
el documento

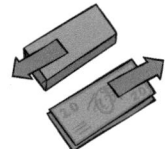

купувати

comprar

платити

pagar

трговати

comerciar

новац

el dinero

 **USD**

долар

el dólar

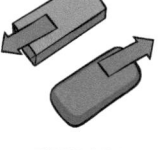 **EUR**

евро

el euro

JPY

јен

el yen

RUB

рубља

el rublo

CHF

швајцарски франак

el franco suizo

CNY

ренминдби јуан

el renminbi yuan

INR

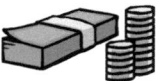

рупија

la rupia

аутомат за новац

el cajero automático

мењачница
la oficina de cambio de divisas

злато
el oro

сребро
la plata

нафта
el petróleo

енергија
la energía

цена
el precio

уговор
el contrato

порез
el impuesto

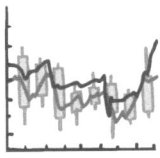

деонице
la acción

радити
trabajar

службеник
el empleador

послодавац
el empleador

фабрика
la fábrica

продавница
la tienda de campaña

занимања
los oficios

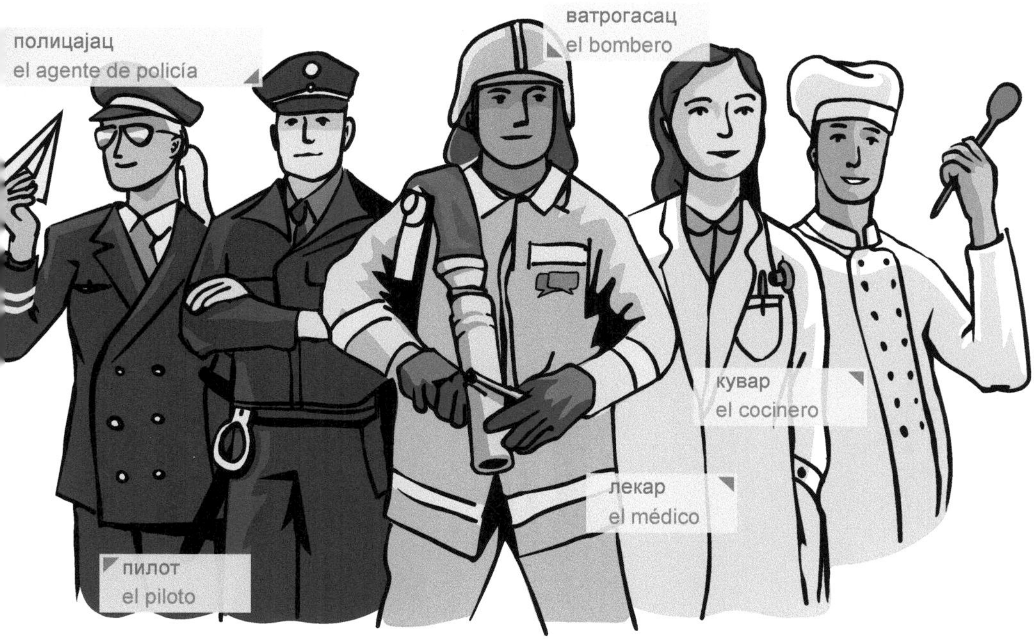
полицајац
el agente de policía
ватрогасац
el bombero
кувар
el cocinero
лекар
el médico
пилот
el piloto

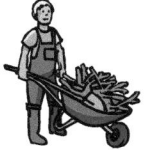

вртлар

el jardinero

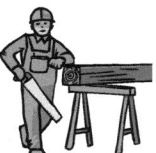

столар

el carpintero

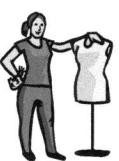

кројачица

la costurera

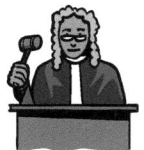

судија

el juez

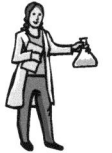

хемичар

el farmacéutico

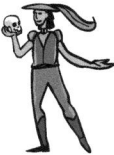

глумац

el actor

возач аутобуса

el conductor de autobús

возач таксија

el taxista

рибар

el pescador

чистачица

la señora de la limpieza

кровопокривач

el techador

конобар

el camarero

ловац

el cazador

сликар

el pintor

пекар

el panadero

електричар

el electricista

грађевински радник

el obrero

инжењер

el ingeniero

месар

el carnicero

лимар

el fontanero

поштар

el cartero

војник

el soldado

архитекта

el arquitecto

благајник

el cajero

цвећар

el florista

фризер

el peluquero

кондуктер

el revisor

механичар

el mecánico

капетан

el capitán

зубар

el dentista

научник

el científico

раби

el rabino

имам

el imán

монах

el monje

свећеник

el sacerdote

алати

las herramientas

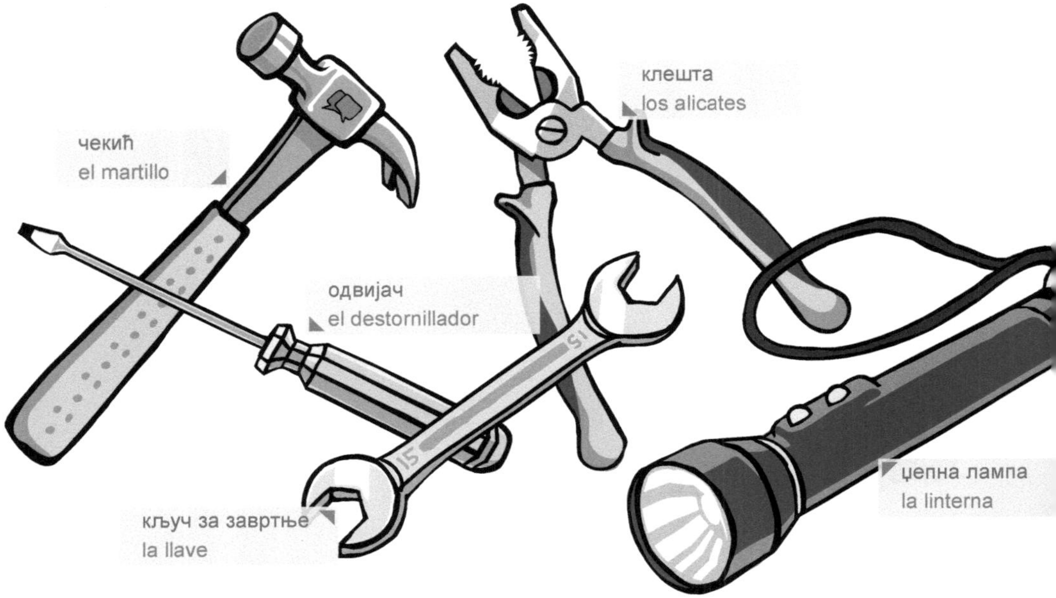
клешта
los alicates
чекић
el martillo
одвијач
el destornillador
кључ за завртње
la llave
џепна лампа
la linterna

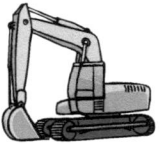

багер

la excavadora

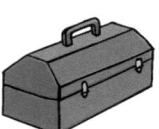

кутија за алат

la caja de herramientas

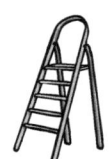

мердевине

la escalera de mano

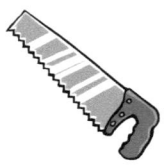

пила

la sierra

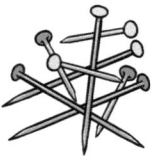

ексер

los clavos

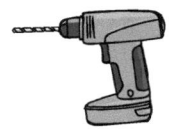

бушилица

el taladro

поправити

reparar

лопата

la pala

до ђавола!

¡Maldita sea!

лопатица

el recogedor

лонац за боју

el bote de pintura

завртањи

los tornillos

музички инструмент
los instrumentos musicales

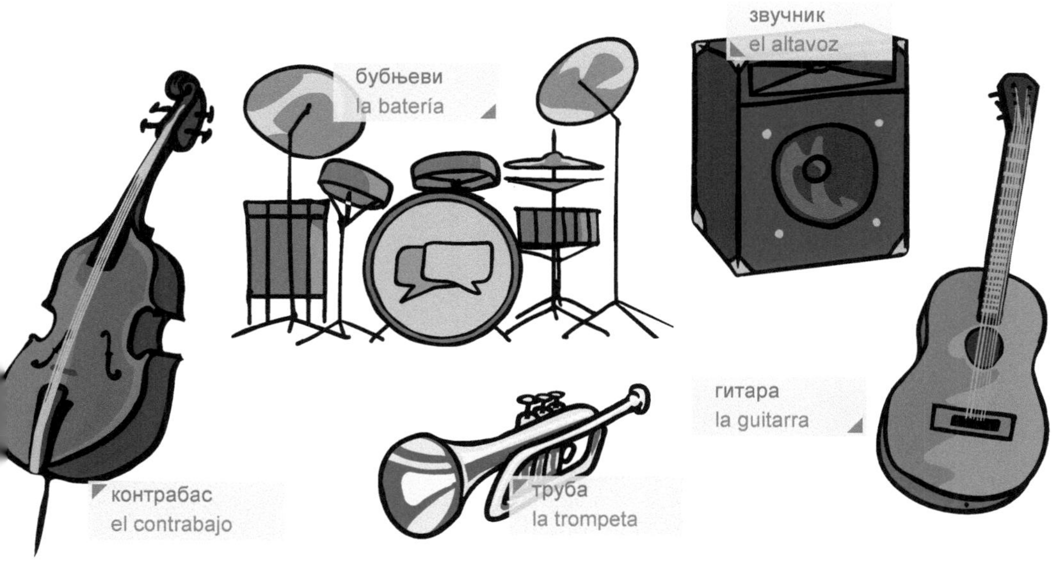

бубњеви
la batería

звучник
el altavoz

контрабас
el contrabajo

труба
la trompeta

гитара
la guitarra

клавир

el piano

виолина

el violín

бас

bajo

тимпани

los timbales

удараљке за бубњеве

el tambor

типке клавира

el teclado

саксофон

el saxofón

флаута

la flauta

микрофон

el micrófono

зоолошки врт

el zoo

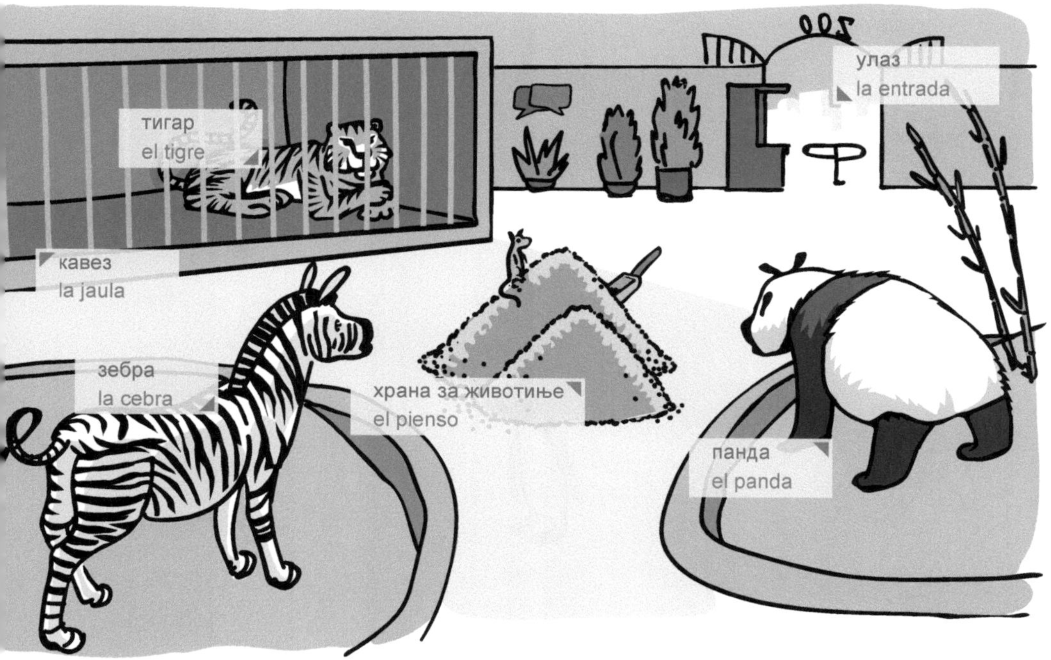

тигар
el tigre
улаз
la entrada
кавез
la jaula
зебра
la cebra
храна за животиње
el pienso
панда
el panda

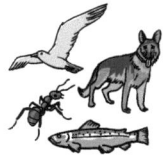

животиње

los animales

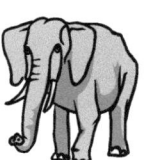

слон

el elefante

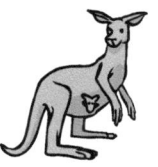

кенгур

el canguro

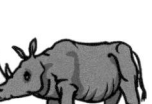

носорог

el rinoceronte

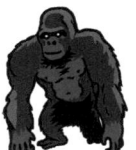

горила

el gorila

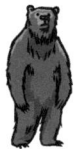

медвед

el oso

камила

el camello

нoj

el avestruz

лав

el león

мajмун

el mono

фламинго

el flamingo

папагaj

el loro

поларни медвед

el oso polar

пингвин

el pingüino

аjкула

el tiburón

паун

el pavo real

змиja

la serpiente

крокодил

el cocodrilo

чувар у зоолошком врту

el guardián de zoológico

туљан

la foca

jагуар

el jaguar

пони

el poni

леопард

el leopardo

нилски коњ

el hipopótamo

жирафа

la jirafa

орао

el águila

дивља свиња

el jabalí

риба

el pescado

корњача

la tortuga

морж

la morsa

лисица

el zorro

газела

la gacela

спорт
los deportes

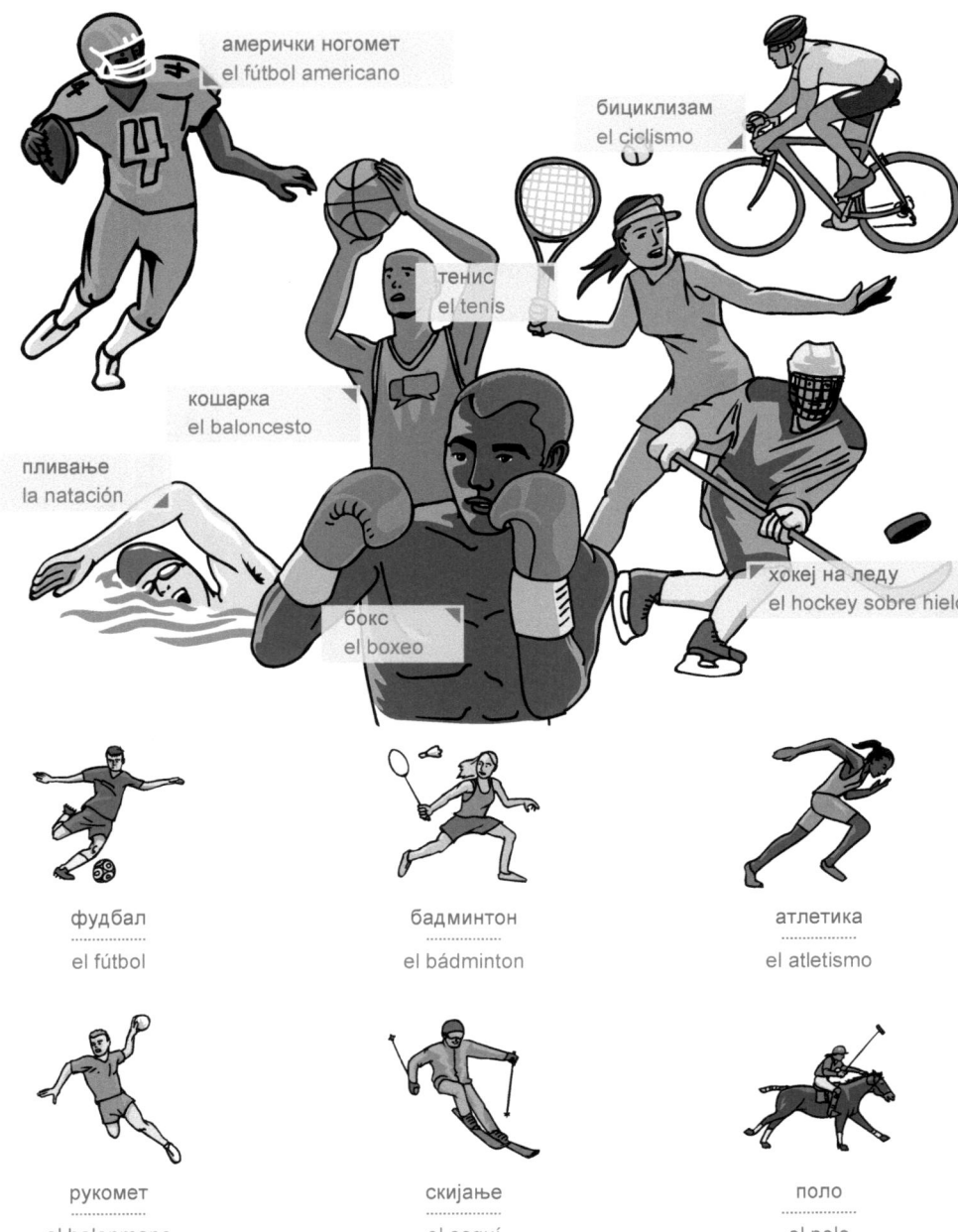

амерички ногомет
el fútbol americano

бициклизам
el ciclismo

тенис
el tenis

кошарка
el baloncesto

пливање
la natación

бокс
el boxeo

хокеј на леду
el hockey sobre hielo

фудбал
el fútbol

бадминтон
el bádminton

атлетика
el atletismo

рукомет
el balonmano

скијање
el esquí

поло
el polo

скочити / saltar

смејати се / reír

загрлити / abrazar

ити / caminar

певати / cantar

сањати / soñar

молити се / rezar

пољубити / besar

писати
escribir

цртати
dibujar

показати
mostrar

гурати
empujar

дати
dar

узети
tomar

имати

tener

чинити

hacer

бити

ser

стојати

estar de pie

трчати

correr

повлачити

tirar

бацити

tirar

падати

caer

лежати

yacer

чекати

esperar

носити

llevar

седити

estar sentado

облачити

vestirse

спавати

dormir

пробудити се

despertar

гледати

mirar

плакати

llorar

миловати

acariciar

чешљати

peinar

говорити

hablar

разумети

entender

питати

preguntar

слушати

escuchar

пити

beber

јести

comer

поспремити

ordenar

волети

amar

кухати

cocinar

возити

conducir

летети

volar

пловити

navegar

рачунати

calcular

читати

leer

учити

aprender

радити

trabajar

венчати се

casarse

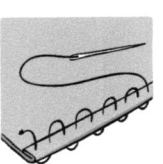

шити

coser

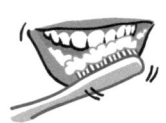

прати зубе

cepillarse los dientes

убити

matar

пушити

fumar

послати

enviar

породица
la familia

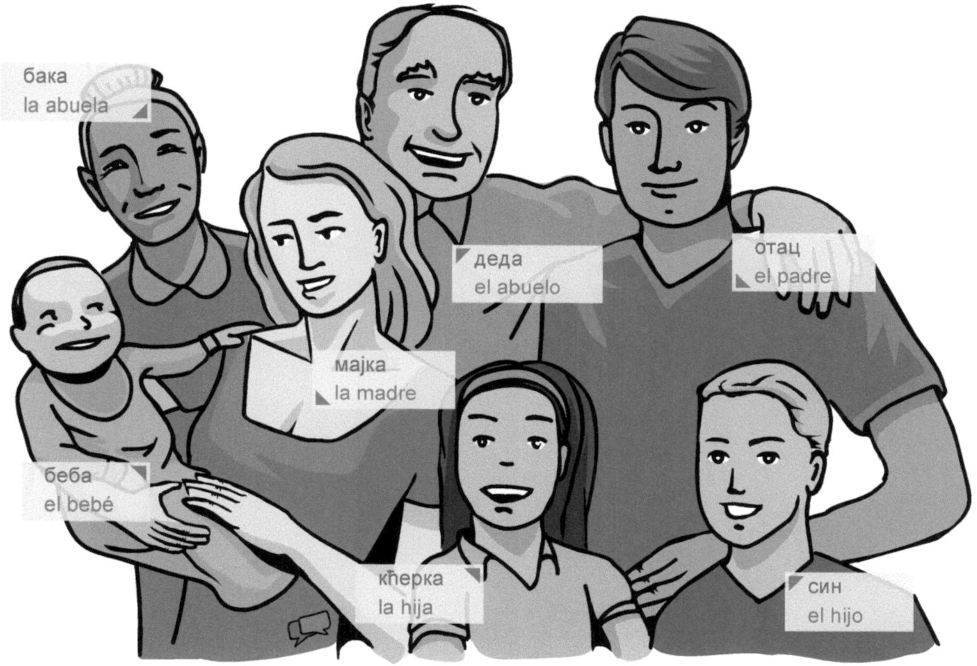
бака
la abuela
деда
el abuelo
отац
el padre
мајка
la madre
беба
el bebé
кћерка
la hija
син
el hijo

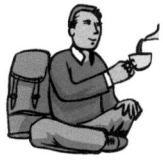

гост

el invitado

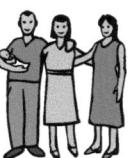

тетка

la tía

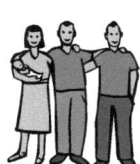

ујак, стриц

el tío

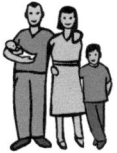

брат

el hermano

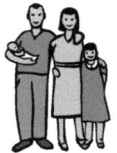

сестра

la hermana

тело

el cuerpo

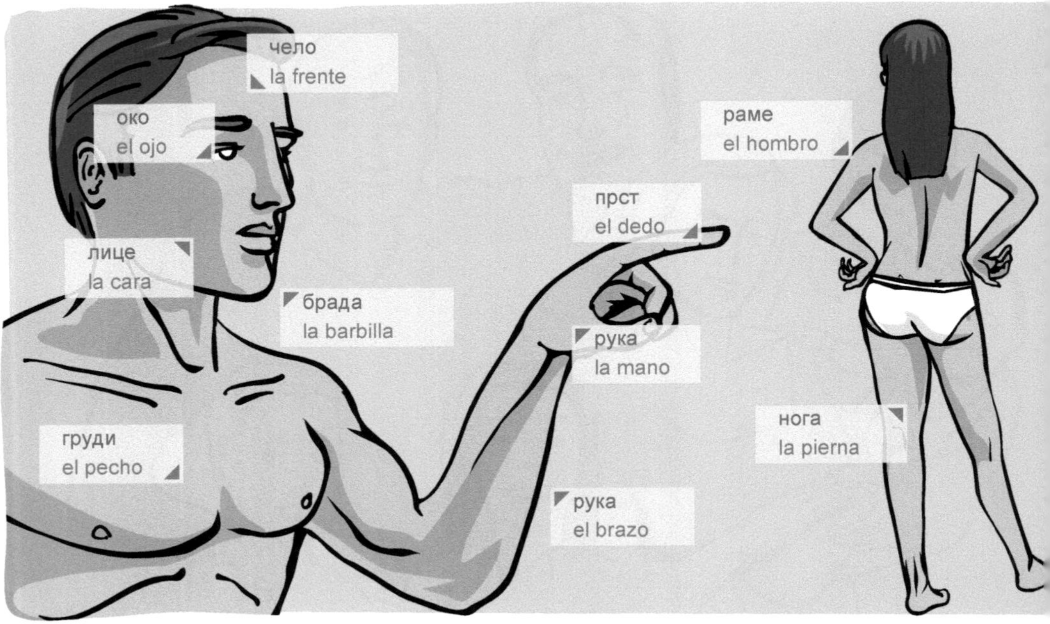

чело
la frente

око
el ojo

раме
el hombro

прст
el dedo

лице
la cara

брада
la barbilla

рука
la mano

груди
el pecho

нога
la pierna

рука
el brazo

беба

el bebé

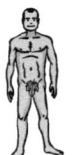

мушкарац

el hombre

жена

la mujer

девојчица

la chica

дечак

el chico

глава

la cabeza

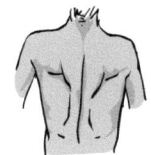

леђа
la espalda

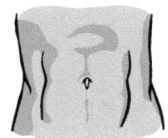

стомак
el vientre

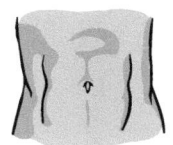

пупак
el ombligo

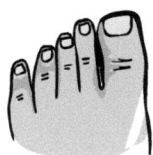

ножни прст
el dedo del pie

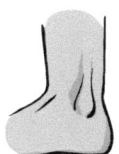

пета
el talón

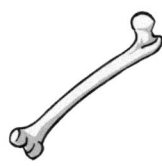

кост
el hueso

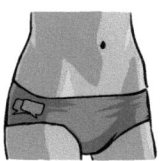

кукови
la cadera

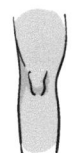

колено
la rodilla

лакат
el codo

нос
la nariz

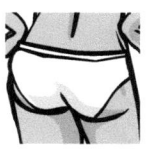

задњица
el trasero

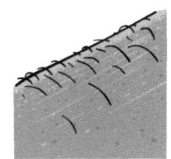

кожа
la piel

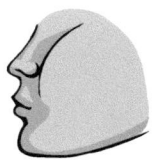

образ
la mejilla

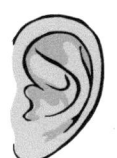

уво
el oído

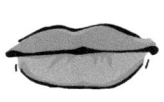

усна
el labio

уста

la boca

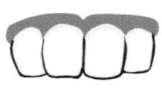

зуб

el diente

језик

la lengua

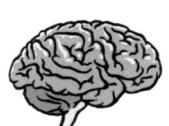

мозак

el cerebro

срце

el corazón

мишић

el músculo

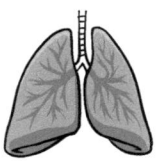

плућа

el pulmón

јетра

el hígado

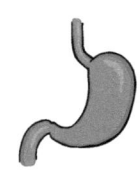

желудац

el estómago

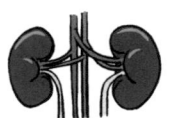

бубрези

los riñones

полни однос

el sexo

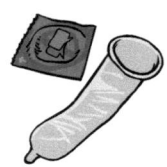

кондом

el condón

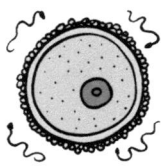

јајна ћелија

el ovario

сперма

el semen

трудноћа

el embarazo

тело - el cuerpo

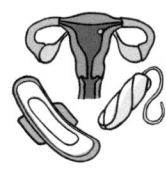

менструација

la menstruación

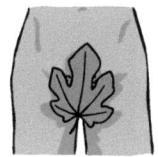

вагина

la vagina

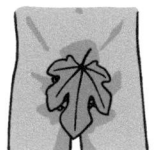

пенис

el pene

обрва

la ceja

коса

el pelo

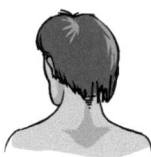

врат

el cuello

болница

el hospital

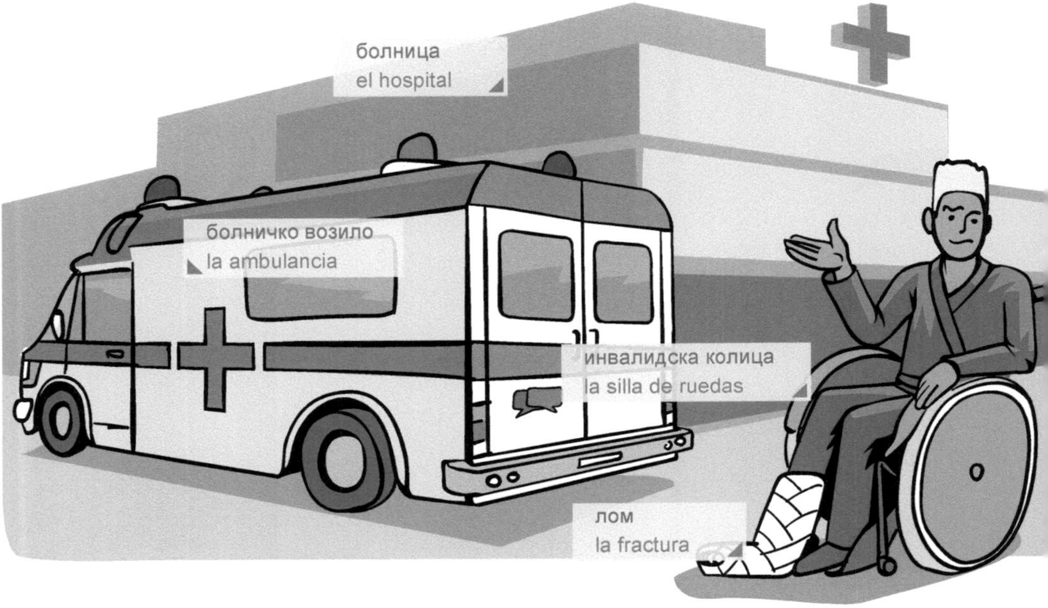

болница
el hospital
болничко возило
la ambulancia
инвалидска колица
la silla de ruedas
лом
la fractura

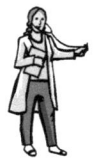

лекар

el médico

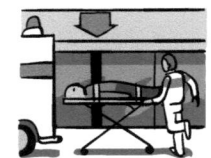

хитна медицинска служба

la sala de urgencias

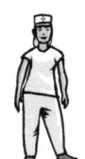

медицинска сестра

la enfermera

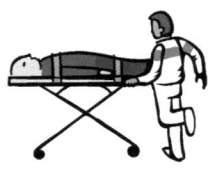

хитни случај

la urgencia

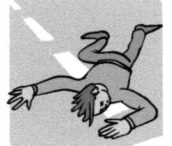

несвест

inconsciente

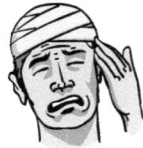

бол

el dolor

повреда

la lesión

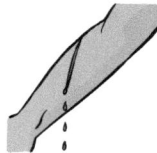

крварење

la hemorragia

срчани удар

el infarto

удар

el ictus

алергија

la alergia

кашаљ

la tos

грозница

la fiebre

грипа

la gripe

пролив

la diarrea

главобоља

el dolor de cabeza

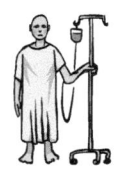

рак

el cáncer

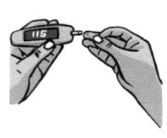

дијабетес

la diabetes

хирург

el cirujano

скалпел

el bisturí

операција

la operación

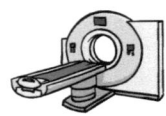

цт
TAC

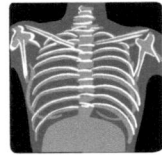

рентген
los rayos x

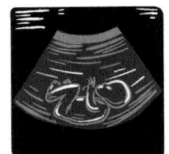

ултразвук
el ultrasonido

маска
la mascarilla

болест
la enfermedad

чекаона
la sala de espera

штака
la muleta

фластер
la tirita

завој
la venda

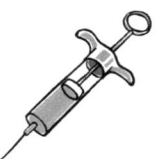

ињекција
la inyección

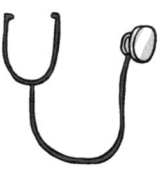

стетоскоп
el estetoscopio

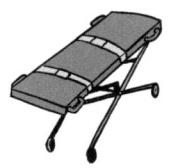

носила
la camilla

термометар
el termómetro

рођење
el nacimiento

прекомерна тежина
el sobrepeso

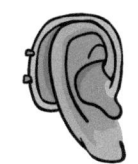

слушни апарат

el audífono

средство за дезинфекцију

el desinfectante

инфекција

la infección

вирус

el virus

хив / аидс

VIH / SIDA

медицина

la medicina

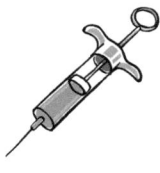

вакцинација

la vacunación

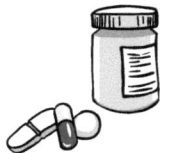

таблете

las tabletas

пилула

la pastilla

хитни позив

la llamada de urgencia

уређај за мерење притиска

el tensiómetro

болесно / здраво

enfermo / sano

la urgencia

помоћ!

¡Socorro!

аларм

la alarma

насртај

el asalto

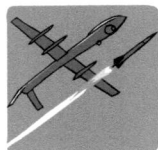

напад

el ataque

опасност

el peligro

излаз у случају нужде

la salida de emergencia

пожар!

¡Fuego!

противпожарни апарат

el extintor de incendios

незгоца

el accidente

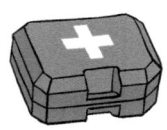

кутија прве помоћи

el botiquín de primeros auxilios

сос

SOS

полиција

la policía

Европа

Europa

Северна Америка

Norteamérica

Јужна Америка

Sudamérica

Африка

África

Азија

Asia

Аустралија

Australia

Атлантик

el atlántico

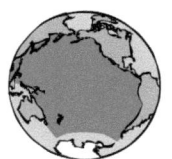

Пацифик

el Pacífico

Индијски океан

el Océano Índico

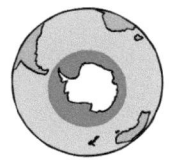

Антарктички океан

el Océano Antártico

Арктички океан

el Océano Ártico

Северни рол

el polo norte

Јужни рол

el polo sur

Антарктик

La Antártida

земља

la tierra

земља

la tierra

море

el mar

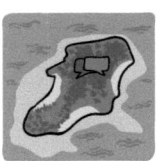

оток

la isla

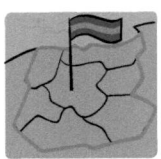

нација

la nación

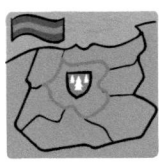

држава

el estado

бројчаник сата

la esfera

сатна казаљка

la manecilla de las horas

минутна казаљка

el minutero

секундна казаљка

el segundero

Колико је сати?

¿Qué hora es?

дан

el día

време

el tiempo

сада

ahora

дигитални сат

el reloj digital

минута

el minuto

час

la hora

седмица
la semana

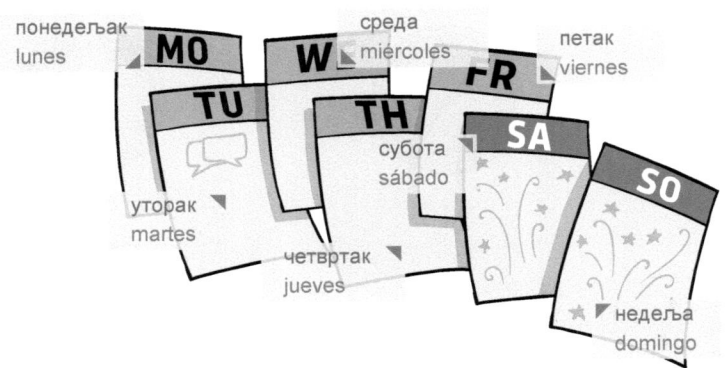

понедељак
lunes

среда
miércoles

петак
viernes

уторак
martes

четвртак
jueves

субота
sábado

недеља
domingo

jуче
....
ayer

данас
....
hoy

сутра
....
mañana

jутро
....
la mañana

подне
....
el mediodía

вече
....
la tarde

MO	TU	WE	TH	FR	SA	SU
1	2	3	4	5	6	7
8	9	10	11	12	13	14
15	16	17	18	19	20	21
22	23	24	25	26	27	28
29	30	31	1	2	3	4

радни дани
....
los días laborables

MO	TU	WE	TH	FR	SA	SU
1	2	3	4	5	6	7
8	9	10	11	12	13	14
15	16	17	18	19	20	21
22	23	24	25	26	27	28
29	30	31	1	2	3	4

викенд
....
el fin de semana

година

el año

киша
la lluvia
дуга
el arcoíris
снег
la nieve
ветар
el viento
пролеће
la primavera
јесен
el otoño
лето
el verano
зима
el invierno

4.APRIL 11°
5.APRIL 4°
6.APRIL 13°
7.APRIL 8°
8.APRIL 10°

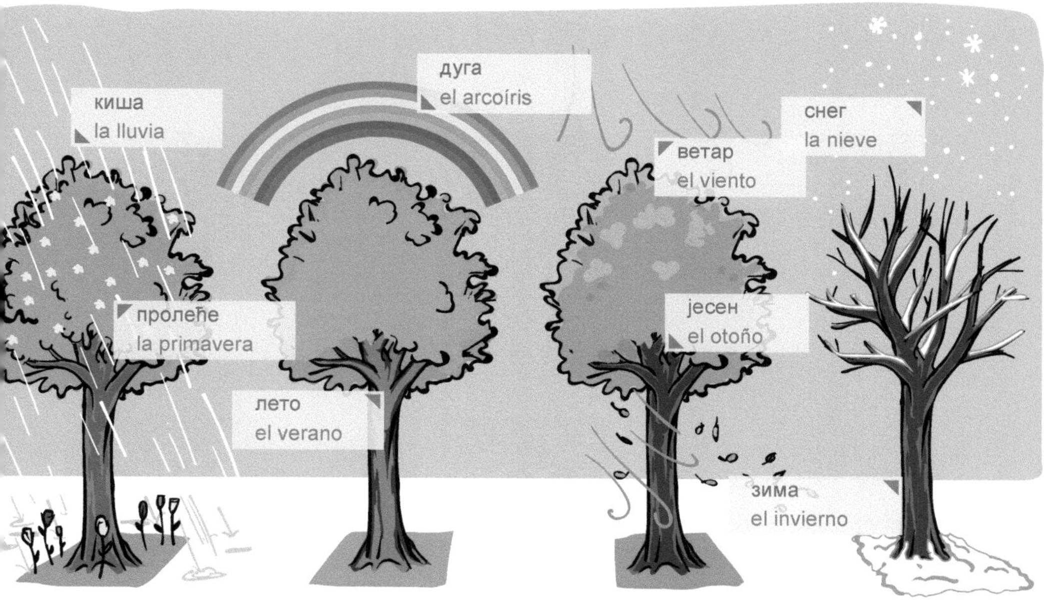

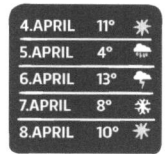

метеоролошка прогноза

el pronóstico del tiempo

F
C
120
90
60
30
0
-30
40
30
20
10
0
-10
-20

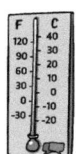

термометар

el termómetro

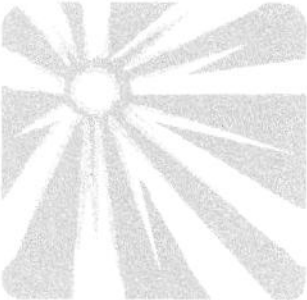

сунчана светлост

el sol

облак

la nube

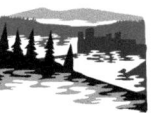

магла

la niebla

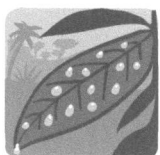

влажност ваздуха

la humedad

муња

el rayo

грмљавина

el trueno

олуја

la tormenta

туча

el granizo

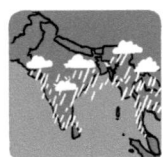

монсун

el monzón

поплава

la inundación

лед

el hielo

јануар

enero

фебруар

febrero

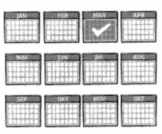

март

marzo

април

abril

мај

mayo

јуни

junio

јули

julio

август

agosto

септембар

septiembre

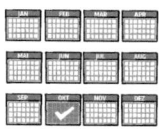

октобар

octubre

новембар

noviembre

децембар

diciembre

облици

las formas

круг

el círculo

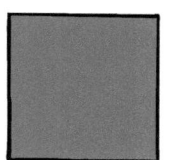

квадрат

el cuadrado

правоугао

el rectángulo

троугао

el triángulo

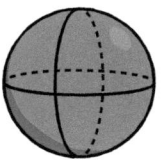

кугла

la esfera

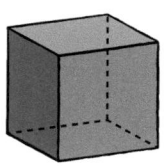

коцка

el cubo

бела
....
blanco

жута
....
amarillo

наранџаста
....
anaranjado

ружичаста
....
rosa

црвена
....
rojo

љубичаста
....
morado

плава
....
azul

зелена
....
verde

смеђа
....
marrón

сива
....
gris

црна
....
negro

много / мало

mucho / poco

љутито / мирно

enojado / tranquilo

лепо / ружно

bonito / feo

почетак / крај

principio / fin

велико / малено

grande / pequeño

светло / тамно

claro / oscuro

брат / сестра

el hermano / la hermana

чисто / прљаво

limpio / sucio

потпуно / непотпуно

completo / incompleto

дан / ноћ

el día / la noche

мртво / живо

muerto / vivo

широко / уско

ancho / estrecho

јестиво / нејестиво

comestible / no comestible

зло / добро

malo / amable

узбуђено / досадно

entusiasmado / aburrido

дебело / мршаво

gordo / delgado

на почетку / на крају

primero / último

пријатељ / непријатељ

el amigo / el enemigo

пуно / празно

lleno / vacío

тврдо / мекано

duro / blando

тешко / лагано

pesado / ligero

глад / жеђ

el hambre / la sed

болесно / здраво

enfermo / sano

илегално / легално

ilegal / legal

паметно / глупо

inteligente / tonto

лево / десно

izquierda / derecha

близу / далеко

cerca / lejos

ново / половно
nuevo / usado

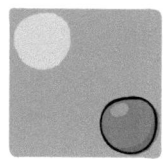

ништа / нешто
nada / algo

старо / младо
viejo / joven

укључено / искључено
encendido / apagado

отворено / затворено
abierto / cerrado

тихо / гласно
silencioso / ruidoso

богато / сиромашно
rico / pobre

тачно / погрешно
correcto / incorrecto

храпаво / глатко
áspero / suave

тужно / сретно
triste / contento

кратко / дуго
corto / largo

полако / брзо
lento / rápido

мокро / сухо
húmedo / seco

топло / хладно
cálido / frío

рат / мир
guerra / paz

брojеви
los números

0

нула

cero

1

jедан

uno

2

два

dos

3

три

tres

4

четири

cuatro

5

пет

cinco

6

шест

seis

7

седам

siete

8

осам

ocho

9

девет

nueve

10

десет

diez

11

jеданаест

once

12

дванаест

doce

13

тринаест

trece

14

четрнаест

catorce

15

петнаест

quince

16

шестнаест

dieciséis

17

седамнаест

diecisiete

18

осамнаест

dieciocho

19

деветнаест

diecinueve

20

двадесет

veinte

100

стотину

cien

1.000

хиљаду

mil

1.000.000

милион

el millón

енглески

el inglés

амерички енглески

el inglés americano

мандарински кинески

el chino madarín

хиндски

el hindi

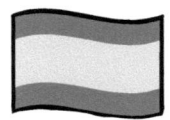

шпански

el español

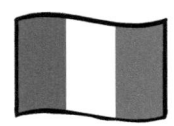

француски

el francés

арапски

el árabe

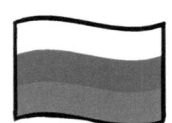

руски

el ruso

португалски

el portugués

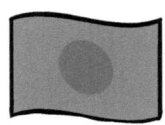

бенгалски

el bengalí

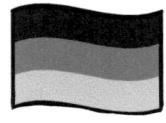

немачки

el alemán

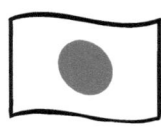

јапански

el japonés

ja

yo

ти

tú

он / она / оно

él / ella / ello

ми

nosotros/as

ви

vosotros/as

они

ellos/as

Ко?

¿quién?

Шта?

¿qué?

Како?

¿cómo?

Где?

¿dónde?

Када?

¿cuándo?

име

el nombre

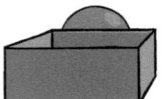

иза
....
detrás

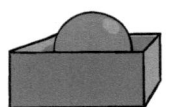

у
....
en

испред
....
delante de

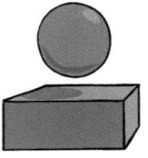

преко
....
por encima de

на
....
sobre

испод
....
debajo de

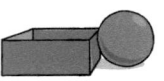

поред
....
junto a

између
....
entre

место
....
el lugar